AF138758

Dieses

BuchSpruchBuch

widme ich meinem sehr guten, langjährigen
und lieben Freund Thomas Rölle.

WitzBOLD-Enno-Einmalig

DER Humorloseste WitzBOLD

BuchSpruchBuch

Band Eins (1):

Lassen Sie sich Ihre
miese Stimmung vermiesen!

Sprüche mit und ohne Sinn –
Aber `ne Menge Reim ist immerhin drin!

Impressum

Bibliografische Information der Deutschen Nationalbibliothek: Die Deutsche Nationalbibliothek verzeichnet diese Publikation in der Deutschen Nationalbibliografie; detaillierte bibliografische Daten sind im Internet über http://dnb.dnb.de abrufbar.

© 2013 Name des Autors/Rechteinhabers:
Witz**BOLD**-**E**nno-**E**inmalig.

Illustration: Stefan Sartison vom Grafikstudio Oldenburg nach der Idee von **W**itz**BOLD**-**E**nno-**E**inmalig.

Herstellung und Verlag: BoD – Books on Demand, Norderstedt
ISBN: 9783732250516

Mein Inhaltsverzeichnis

Mein Spruch

WitzBOLD-Enno-Einmalig

DER Humorloseste WitzBOLD

Auf meinem **Grabstein** wird stehen:

„ICH KLOPFTE LIEBER SPRÜCHE STATT STEINE!"

Meine Vorwörter

Um Ihnen eine bessere Lesemöglichkeit zu gewährleisten, verwende ich hier das Substantiv „Leser". Damit sind selbstverständlich auch die Damen und die … gemeint …

Darüber hinaus habe ich in meinem **BuchSpruchBuch** eine größere Schrift gewählt, damit auch Menschen, die nicht so gut ohne Brille lesen können, mein **BuchSpruchBuch** …

Passen Sie bitte auf sich auf, daß Ihnen der eine oder andere Worthappen nicht im Halse steckenbleiben wird … oder daß Sie sich nicht totlachen werden! Sie werden sonst meine nächsten Bücher nicht mehr lesen können … und auch nicht mehr mitdenken können … und schon gar nicht **Vor**-Denken kö….

… und das wäre nun wirklich schade … sehr, sehr schade!

So … und nun wollen Sie bestimmt wissen, was ein

BuchSpruchBuch

ist …

Um das herauszufinden, müssen Sie jätzt umlättärrn!

Blättärrn Sie **jätzt** um!

Ein

BuchSpruchBuch

...

Was ist denn das?

Vorne ein Buch

–

... in der Mitte ein Spruch

–

... und am Ende schon wieder ein Buch!

... was das wohl zu bedeuten hat ...

...

„Sprüche mit und ohne Sinn

–

Aber `ne Menge Reim ist immerhin drin!"

Nun, wozu ein solches

BuchSpruchBuch

...

123:73:83 Minuten zum Totlachen ... für

SIE!

Zum Totlachen …? Für Sie?

…

Nun, ich soll ja auch nicht darüber lachen.

SIE

sollen das für mich übernehmen!

Wozu denn das?

Lachen erhöht die Sauerstoffzufuhr im Gehirn. In **IHREM** Gehirn … und verlängert somit das Leben.

IHR Leben!

… Lachen … Sie wollen lachen … Sie lachen … Ihr Kreislauf wird angeregt … Sie erhalten eine bessere Durchblutung … das betrifft selbstverständlich auch Ihr Gehirn … Sie wollen zusätzlich Ihr Gehirn durch anspruchsvolles Denken weiter aktivieren … Sie wünschen sich Freude und Sie wollen sich sehr gut fühlen … einfach „besser drauf sein" … Sie wünschen sich, glücklicher und gesünder zu sein … Sie möchten länger leben und wollen dem Klupp („Club") der Langlebigen angehören …

All Ihre Wünsche führen dazu, daß Sie Ihre Probleme und Konflikte besser und schneller lösen können … So werden Sie zusätzlich auch noch Geld und Zeit einsparen …

Die Menschen um Sie herum werden sich wundern, daß Sie sich so gut fühlen und sie werden Sie dementsprechend bewundern …

…

Und das alles mit meinem BuchSpruchBuch!

Sagen Sie sälpst:

Ich bin doch echt hilfsbereit; oder?

...

BuchSpruchBuch ... So etwas haben Sie vorher noch nie ...

Mein BuchSpruchBuch ... auf den ersten Blick lustig ... witzig ... grotesk ... zynisch ... sarkastisch ... makaber ... soll Sie auch zum Denken anregen ... zum Mitdenken ... zum **Vor**-Denken ...

Sie sollen selbst nachforschen, was sich hinter meinen jeweiligen Sprüchen und Wortspielereien verbirgt ... überraschen Sie sich selbst ...

Wer oder was könnte mit meinem jeweiligen Spruch wohl gemeint sein ...

Ein BuchSpruchBuch ... und so etwas präsentiert auch noch „**DER H**umorloseste **W**itz**BOLD**" ...

Sie kennen Buchautoren ... Bruchautoren (Bruchautoren sind Buchautoren, die zur Zeit einsitzen) ... Sprachakrobaten ... Kabarettisten ... Bettartisten ... Journalisten ... Schnurrnalisten ... Comedians

… UNTER-Halter … davon kennen Sie sehr viele …

…

Aber wer ist eigentlich

„DER Humorloseste WitzBOLD"?

…

Zwischenfrage an Sie: Wieso verwendete ich anstatt „Vorwort" das Substantiv „Vor**wörter**"? Ganz einfach: „Ein" Vorwort oder nur „Vorwort" wäre ja auch nur ein Wort gewesen! Wann ist Ihnen dies schon einmal in den Sinn gekommen? Wie viele Vorwörter haben Sie bis **hierhin** gezählt?

…

Sie können es kaum erwarten, daß ich nun beginne … Sehen Sie, ich kann sogar Ihre Gedanken lesen … wie ich das wohl mache …

So, nun genug der Vorwörter! Beginnen wir auf der nächsten Seite (Hier ist nämlich zu wenig Platz für eine ausführliche Definition) mit meiner Metapher von:

„WitzBOLD-Enno-Einmalig

DER Humorloseste WitzBOLD"

Dazu müssen Sie jetzt diese Seite umblättern!

Meine Metapher

von

„WitzBOLD-Enno-Einmalig
DER Humorloseste WitzBOLD"

W

Witz. Witzbold. Witz**BOLD**.

I

Ironie.

T

Treffe mit meinen Sprüchen und mit meinen
Wortspielereien ins Schwarze
(Oh … hoppla … ist das politisch korräckt?)!

Z

Zum Totlachen.

B

BOLD: **kräftig**; derbe …
Beeindruckend.

O

Ohne Humor?
Ein **H**umorloser **W**itz**BOLD**?
Das ist ja ein Paradoxon!

L

Lebenslang werden Sie sich an meine Sprüche
erinnern!

D

Dokumentationen.

E

Enno. Mein Vorname.
Es gibt nur einen **W**itz**BOLD**-**E**nno-**E**inmalig!

Einzigartig.
(Nicht artig – aber Einzig!)

N

Nachsicht? Nachtsicht? Nachtschicht?
(Das ist ein Wortspiel! S. u.!)

Sie wollen mehr wissen?
Plättärrn Sie **jätzt** um!

N

Nasewackeln.
Habe ich mal in einem Vorstellungsgespräch
gemacht. Dem Personalschäff fiel die Kaffeetasse
aus der Hand!

O

OBER-Haltung statt UNTER-Haltung:
Sie wollen doch OBEN bleiben … statt unten …
(Unten können Andere auf Sie herumtrampeln!)

E

Einmal hinsehen wird nicht ausreichen …
mindestens zweimal … besser dreimal …

I

Indirekt … **DIREKT …**

N

Nachdenken … **VOR**-Denken.

Neugierig werden Sie werden - auf meine
nächsten Bücher!

Die nächste Seite …

M

Makabreres.
Morgen werden Sie über meine Sprüche auch noch lachen… wenn Sie sich bis dahin noch nicht totgelacht haben!

A

Am Anfang war **DER** Spruch … aber welcher …

Außergewöhnliches.

L

Lachen … müssen …
SIE!

I

IBM = **I**ch **B**in **M**üde.
(geht ja schon los hier!)

G

Grabstein

Auf meinem **Grabstein** wird stehen:

Witz**BOLD**-**E**nno-**E**inmalig
DER **H**umorloseste **W**itz**BOLD**

„Ich klopfte lieber Sprüche statt Steine!"

Gravierend.
Meine Sprüche gravieren sich bei Ihnen ein!

Groteske.

D
Direkt sein …

E
Einen spiegelnden verspiegelten Spiegel den
Menschen vorhalten.

R
Reime – mit und ohne Sinn drin.

H
Humorlos.

U
Unverwechselbar. Unikat. Unsterblich verewigt.

M

Mit humorlosem Humor u. mit schwarzem Humor.

O

Original.

R

Rhetorik & Reiseberichte.

L

Lachflatrate.

Wer lacht: **SOFORT** an mich **z**ehn **Z**ännt **z**ahlen!
Wer länger als eine Minute am Stück lacht,
muß einen Euro extra an mich entrichten!

Sie können selbstverständlich auch eine Lachflatrate bei mir buchen! So erhalten Sie von mir eine
überaus investitionsgünstige Lachtherapie!
(Wo erhalten Sie heutzutage sonst noch so etwas so günstig?)

O

Ohne Umschweife.

S

Satire (Sa-Tiere), Sarkasmus & Sargkasmus.

Skorpion … mein Aszendent … stechen …

E

Einmalig … meine Fragen an Sie …

S

Sprüche, Spaß & Spott.

Seltenheitswert.

T

Trockener Humor.

E

Erfinder bin ich … ich erfinde neue Wörter.

W

Wortspielereien … Wörtererfinder …

Was wird es sonst noch geben? Kurzgeschichten.

I

Intensivität.

Sie werden intensiv über meine Sprüche

nachdenken!

Investigative und journalistische Tätigkeit.

T

Täxckzt: Sie brauchen einen TÄckzsxt …

???

Z

… Zynismus …

B

Besonders gut einprägsame Sprüche und Wort-spielereien.

BuchSpruchBuch

O

Oldenburg ... meine Heimatstadt … Videos hierüber.

L

Labern? Bei mir nicht!

Nur noch ein Wort … Halten Sie durch!

D

Daumentrick …
… ein ganz spezieller!
(Dazu werde ich noch ein Video in Juhtjuhp einstellen!)

Peh-Äß-1:

Wo und wann haben Sie solch eine Metapher schon einmal gelesen? Meine Metapher hat sich bereits lebenslang in Ihr Unterbewußtsein eingraviert …

Falls Sie meine Metapher nun verarbeitet und Sie Ihr Gehirn somit auf Betriebstemperatur hochgefahren haben, können Sie jetzt ohne Übergang übergangslos zu meinen Sprüchen und Wortspielereien übergehen …

Beim Lesen meiner Sprüche und Wortspielereien wird bei Ihnen der Gedanke emporsteigen – sanft, ganz sanft – und zwar so, wie der Morgennebel bei zunehmender Wärme dem Himmel emporschwebt - daß der eine oder andere Spruch besser unter einer anderen Überschrift hätte placiert werden sollen …

Sie können mir in diesem Punkt voll und ganz vertrauen. Es hat schon seinen Sinn, wieso ich meinen jeweiligen Spruch / mein jeweiliges Wortspiel **genau dort** placiert habe, wo er / es steht … und nirgendwo anders!

Aus welchen Gründen habe ich das wohl gemacht?

Der Nebel wird sich lichten … er wird sich auflösen wie

Zucker im heißen Täh ... und Sie werden es verstehen ...

Denken Sie darüber **nach**!

...

Bis hierher habe ich Ihnen einige Rechtschreib-, Zeichensetzungs- und Ausdrucksfehler untergejubelt ... wie ein Kuckuck, der seine Eier in fremde Nester ablegt.

Wie viele haben Sie bis **hierhin** gefunden?
Nein, nicht die Kuckucke ...

Fahren wir nun mit meinen Sprüchen und Wortspielereien fort! Folgen Sie mir ... langsam ... aber bitte nicht so laut ... und ...

Sie wissen schon, welche Handlung Sie jetzt vollziehen müssen ...

Meine Sprüche & Wortspielereien

Z

Zähne

Lieber im Mund Weintrauben kernlos
als den Mund zahnlos!

Zäpfchen

Lieber im Mund ein süßes Plätzchen
als im Hintern ein scharfes Zäpfchen!

Zitate von

WitzBOLD-Enno-Einmalig

„Das Leben wird von der Zeit davongeweht
wie eine Feder im Sturm!"

„Wer inhaltlich Sinnloses von sich gibt,
schreit oft am lautesten!"

„Nun hast Du 2/3 Deines Lebens bereits hinter Dich
gebracht. Den Rest wirst Du auch noch schaffen!
Da bin ich ganz optimistisch!"

Zug

Im Zugabteil heißt es: Fahrkarten.
Im Schlafwagen: Schnarchkarten.
Die letztgenannten sind zuschlagspflichtig!

Zukunft

Das wirst Du antworten, wenn Du gefragt wirst:
„Was willst Du in Zukunft machen?"
„Nun, ich werde mit Tieren arbeiten:
„Elefanten eine dicke Haut verpassen!"
„Schnattergänsen das Schnattern abgewöhnen!"

Zum Nachdenken

Finanzamt:
Formular „ELSTER".
Elektronische Einkommensteuererklärung.
Das Wort „ELSTER" und das Logo mit der Elster erinnert
mich an die „Diebische Elster"!
Wieso wurde gerade dieser Begriff dafür auserkoren?
An was erinnert Dich dieser Begriff?

Gibt es bei Gedanken Schranken?

Haben Läuse eigentlich Läuse?

Lieber morgens vordenken als abends nachdenken!

Wenn die Stadtteile veröden …
werden dann die Menschen verblöden?

Zwerge

Gönne jedem Gnom sein Karzinom!

Schergen zu Zwergen!

X

Blättere bitte um!

Xanthippe

In Xanten flippt eine Schreibkraft aus.
Was haben wir nun?
Eine Xanthippse.

W

Weihnachten

Lieber Weihnachten einen saftigen Stollen
als Ostern trockene Pollen!

Frohes Fest statt Pest!

Wie machst Du aus ...

… einer Sabbelbiene eine Sabine?

… einer dünnen Abmahnung eine fette Absahnung?

… einem Crash Käsch?

… einem Volks**zertreter** einen Volks**vertreter**?

Woran erkennst Du,
daß Du übers Ohr gehauen wirst?

Sonderangebot:
„Benzin aus Brandschäden."

Wortspielereien

Du bist der Liftboy.
Macht Du das Fenster auf, bist Du ein Lüftboy!

(Wo hast Du schon einmal einen Lüftbeu gesehen?)

Wann hast Du zum letzten Mal ohne zu zögern gezögert?

Würdenträger

Konsul statt Konsole.

V

Vampire

Nach dem Vampirbiß wurde aus
„Seiner Durchlaucht" „Seine Ausgelaugt".

Hat ein Vampir Hunger statt Durst,
knabbert er an einer Blutwurst.

Verehrungen

Die Einen verehren die Götter,
die Anderen die Spötter.

Verführung

Lieber abends eine heiße Frau verführen
als morgens einen kalten Kaffee umrühren!

U

Unappetitliches

… in Band …

Noch nicht.
Möchte nicht, daß Dir hier schon schlecht wird …

Unbrauchbares
Ein träger Kammerjäger.

Unfall
Kaum war er mit seinem Kopf aufs Pflaster aufgeschlagen,
hatte er nix Vernünftiges mehr zu sagen!

Wirst Du mittags gefahren über den Haufen,
kannst Du Dich abends nicht mehr besaufen!

Ungeziefer
Lieber saubere Kakerlaken als K…e auf dem Laken!

T

Tanzen
Was ist eine Primelballerina?
Eine Ballerina, die niemand mehr tanzen sehen will!

Tante Traute tanzt tierisch Twist,
Tango und Tarantella immer schnella.

Terror
Lieber eine defekte Plombe
als eine Bombe in der Katakombe.

Tibbs für den Alltag: Kassenbon
Nehme Deinen Kassenbon mit! Du hast ihn bezahlt!

Deine Vorteile:

Auf der Rückseite kannst Du Dir Notizen machen. Wenn Du den Kassenbon vollgeschrieben hast, kannst Du ihn aufbewahren und, sobald Du genug davon gesammelt hast, auf einer leeren Toilettenpapierrolle aneinanderkleben, aufrollen und als Klopapier verwenden. Es könnte ja sein, daß Klopapier in Zukunft rationiert werden wird …

(Zu diesem Thema werde ich noch eine Video-Bastelanleitung erstellen und auf Juhtjuhb hochladen.)

Tierisches - Abkürzungen

Ko-Bra: **Ko**..z-**Bra**ten.

Tierisches – Katzen / Allgemeines

Dein Kater. Deine Katze. Deine Muschieh.

Tierisches – Katzen / Entspannung

Mu-Ma: **Mu**schieh-**Ma**ssage.

Tierisches – Reptilien

Die heutige Meinung des Krokodils lautet:

„Lieber zuschnappen als überschnappen!"

Tierisches – Rindviecher / Abkürzungen

Bu-Be:
Bullen-**Be**such.

Bu-Faz:
Bullen-**Fa**hrzeug.

(Wo und wann hast Du schon mal welche gesehen? Bitte achte ab sofort darauf!)

Tierisches - Rindviecher zusammentreiben:

Bu-ru:
Bullen **ru**fen.

Tierisches – Säugetiere / Gemischtes

Kann ein faules Faultier verfaulen?

Gebt dem Affen ihre Paraffen!

Es sprach einst der alte Herr Hase:
„Lieber morgens junges Kohlrab**ieh**
als abends altes Gab**ieh**!"

Tierisches - Säugetiere / Schafe

(Heute auf **BESONDEREM** Wunsch 1,17 Seiten)

Was nehmen Schafe ein, wenn sie krank sind?
Määähdizin und **Määää**hdikamente.

Was fragt ein Schafverkäufer seine Kunden?
„Darf es noch etwas **määäh**r sein?"

Das bekommen Schafe im Restaurant: ein **Määäh**nüh.

Wo machen Schafe gerne Urlaub?
In **Määäh**xiko, Böh**määäh**n und **Määäh**rähn.

In welcher Wohnung leben Schafe?
In einer **Määäh**sionettenwohnung.

Menschen haben Mehrausgaben.
Schafe haben **Määäh**rausgabäähn.

Womit treiben Schafe Sport?
Mit einem **Määäh**dizinball.

Mit welchem Zug fahren Schafe von Bremen
nach Hamburg?
Mit dem **Määäh**tronom.

Die Meinung des Meisters der Nichtraucherschafe:
„Blöken statt schmöken!"

Männer halten sich Mätressen.
Schafböcke **Määäh**tressen.

Menschen sagen: „Lachen ist die beste Medizin!"
Schafe mähen: „**Määäh**ähen ist die beste **Määääh**dizin!"

Bestatter tragen Zylinder.
Schafe tragen **Määäh**lonen.

Thomas Schaaf trat zurück.
Er hat sich – im wahrsten Sinne des Wortes –
ausge**määäh**t!

Tierisches - Vögel

Können Meisen eine Meise haben?

Kanarienvögel – Futter:
Du magst keine Körnerbrötchen essen?
Du hast folgende Möglichkeit:
Gib das Körnerbrötchen Deinem Kanarienvogel, den Du
nicht hast! Er wird dann die Körner abpicken, die Du nicht
essen magst.

Lieber den Popo regelmäßig gründlichst sauber putzen
als den Piepmatz einmal mäßig zu stutzen!

Tod und Sterben

(Auf der nächsten Seite …)

Die Hämorrhoiden ruhen in Frieden.

Nun hat er nicht nur seinen Löffel,
sondern auch sein komplettes Besteck abgegeben.

Wer liegt im Laden und hat Maden in den Waden?
Ist es Bin Laden?
Nein.
Es ist die bleich` Leich vom Scheich.

Ist Deine Lebensuhr fast abgelaufen,
kannst Du Dich nur noch ganz schnell besaufen!

(mehr davon: „Friedhofsimpressionen". Siehe „Meine weiteren
Bücher".)

Traurigkeit

Liegen die zertrümmerten Trümmer in Trümmern,
fangen die Trümmer an zu wümmern.

Twitter

Lieber morgens twittern als abends zittern!

S

Safari

Was liegt vor, wenn Alkoholiker eine Safari machen?
Eine Sauffari.

Schaum

Was hast Du, wenn der Schaum ab ist?
Abschaum!

Schlaf

Lieber morgens auspennen als abends ausbrennen!

Liegst Du müde in Deiner Koje,
hörst Du keine Heulboje!

Schoppähn

(Erscheinungsdatum: 2014)

Schornstein - Selbstgespräche

Was sagt ein Schornstein mor**gääähn**s zu sich selbst?
„Meinen täglichen Sod gib mir heute!"

Schwestern

Bloß keine halben Sachen machen:
Lieber `ne volle Schwester als `nen halben Bruder!

Deine alte Mutter hauts`s vom Sockel:
Ihre älteste Tochter`s Schwester
hat `nen neuen Gockel!

Die Nordsee ist voller Salz
… und die Ohren Deiner Schwestern sind voller Schmalz!

Singen

Sobald er sie sehr kurz leise bespringt,
sie ziemlich lange laut singt.

Sklaven

Sei lieber ein schöner Knecht als ein häßlicher Vasall!

Skurriles - Allgemeines

Bist Du unzufrieden,
bekommst Du Hämorrhoiden!

Toilettenpapier ist, feiner ausgedrückt, Poposervietten.

Skurriles - Namen

Jetzt seid auch Ihr schriftlich verewigt:

Onkel Herta …

…und **Tante Erwin** (RiP).

Ütze fällt breit in die Pfütze.

Spiele

Halma für Alma.

Sport - Abkürzungen

Ha-Ba: Handball.

Ba-Ba: Basketball.

Mu-Bu: **Mu**ckie-**Bu**de.

Spritzen

Lieber in den Ohren stumpfe Witze
als im Hintern eine spitze Spritze.

Staatsmänner

Der Castro, dieser Fidel, putzt smart seinen Bart.

Nana …

Statistik

Zwei Personen fahren mit einem Fahrstuhl nach oben. Person eins fährt in den zehnten Stock hinauf. Person zwei fährt in den vierzehnten Stock hinauf. Summarisch betrachtet fuhren zwei Personen zusammen 24 Stockwerke hoch. Statistisch betrachtet fuhr jede Person zwölf Stockwerke hoch. Hast Du jetzt die Statistik ganz klar fairstandähn?

Steigerung im 3-er Maß

Fragwürdig – Frackwürdig - Wrackwürdig.

Rinderwahn - Größenwahn - Talliehwahn.

Blankeneese - Käse – Prothese.

Sylvester

Böller für Rudi Völler.

Sympathie

Lieber sympathisch als psychopathisch.

R

Rasenmähen

Wer mäht bei jedem Wetter den Rasen?
Männer und Schafe.

Rauchen

HB: Habe Brechreiz.

Bist Du mal nicht froh, rauche auf dem Klo eine Malboroh!

An alle RaucherInnen, NichtraucherInnen und diejenigen, die sich dafür halten: Tut heute etwas für Eure Gesundheit und vollbringt heute zusätzlich eine gute Tat! Kürzt heute Euer Raucherbudget und investiert das gesparte Geld in dieses **BuchSpruchBuch**! Verschenkt die Papierausgabe und das Ih-Buck an Menschen, die lachen sollen! Sie werden es Euch danken!

Rechte - Menschenrechte

Wieso heißt es Menschen**RECHTE** …
und nicht Menschen**LINKE**?

Reisen

Hast Du in der Hose zu viel Eisen,
kannst Du schlecht verreisen!

Sei lieber ein Globetrotter
als ein lokaler Trottel!

Lieber zu Hause Reizhusten
als auf der Reise Reisehusten!

P

Papst

Eine Flex für den Pontifex.

Parteien - Abkürzungen

VIP: **V**oll-**I**dioten-**P**artei.

Phimose

Jeder Phimose ihre Symbiose.

Pickel

Hast Du eigentlich Deinen Lieblingspickel am Wickel?

Po-liticker (Hintern-Liticker) - Abkürzungen

Bu-Kaz:
Bunker-**Ka**nzler-in.

Wa-Bu-Ho:
Wandelnder-**Bu**ndes-**Ho**senanzug.

Bu-Schwa-Mi:
Bundes-**Schwa**chkopf-**Mi**nister.

Bu-Ko-Mi:
Bundes-**K.**.z-**Mi**nister.

Po-liticker (Hintern-Liticker) - Allgemeines

Raschel – knister:

Was sabbert denn da der Minister?

Polizei - Abkürzung

Po-ru:
Polizei **ru**fen.

Po-Be:
Polizei-**Be**such.

(Was kennst Du davon?)

Polizei – Allgemeines / Ansprechpartner
Kommissar Karl Knast.

Pommes
Statt kalte Fritten lieber heiße …

Popeln
Im Geheimen wurdest Du dazu auserkoren,
öffentlich in der Nase zu bohren.

Porzellangeschäft
Ein Porzellangeschäft ist pleite.
Hier können die Erben nur noch Scherben erben!

Prostituierte
Zwei Prostituierte treffen sich. Was liegt vor?
Feuerf… trifft auf Donnermö..!

Psychopathen
Welchen Rat gibt uns heute der Psychopath?
„Bei uns zahlen Psychopathen in Raten!"

O

Ordnung
Zettellage bringt den Page in Rage.

(Du brauchst einen TäXkst …)

Orte

Jeden Punka nach Sri Lanka.

Haste Du keine Knete,
schreibst Du halt Pamphlete in Oberlethe!

Schnösel ab nach Bösel!

N

Namen

Nachname: **Bold**.
Vorname: **W**itz.

Fängt Fred an zu niesen,
rutscht Volker in die Miesen!

Nase

Jedem Eunuch sein Taschentuch.

Tut Dich ein Krebs kurz in Deine Nase kneifen,
kannst Du lange nichts begreifen!

Netiquette

Sei bloß nicht schlampig pampig!

M

Makaberes

Extraband „Friedhofsimpressionen".

Siehe „Meine weiteren Bücher".

Mars

Gibt es auf dem Mars auch Mars?

Medizin

Zöpfchen statt Zäpfchen.

Nimmst Du die falsche Arznei,
ist es mit Dir bald vorbei!

Meuterei

Gab es auf der Bounty eigentlich auch Bounty?

Monster

Lieber in der Küche einen lauten Gong
als im Bad einen leisen King-Kong.

Munition

Trittst Du der Mine in ihre Miene,
machst Du aus Mines Miene eine Tretmine.

Geht sie los, die Panzerfaust,
ist Dein Harr sehr schnell zerzaust!

Musik

Hatte Whitney Houston Husten,
konnte sie nicht singen, sondern nur noch pusten.

Geht der Drink zur Neige, vergeigt er sich mit der Geige.

Na – hast Du noch die Kraft, um weiterzulesen zu können?

Mut

Wie machst Du aus einem Bammel einen Bommel?

L

Lachen

So eine flache Lache ist nicht jedermanns Sache!

Lärm

Dröhn schön!

Lieber eine volle leise knisternde Bonbontüte
als eine leere laute Flüstertüte!

Viel Lärm im Gedärm.

Landwirtschaft

Sobald der Landwirt sehr kurz laut hupt,
die Kuh ganz lange leise pupt!

Gerät die Kuh in Rage,
ist das für den Landwirt noch lange keine Blamage!

Langeweiler

Er war ein Langeweiler. Er gääähnte Jahrzääähnte.

Lehrer

Was sagst Du als Schüler zu Deinem Lehrer, wenn Du zu
spät in die Schule kommst und Dein Lehrer Dich leicht ge-
reizt fragt:

„Von **wo** kommst Du denn jäääätzt her?"

„Von **draußen**! Haben Sie das denn nicht gesehen?"

(Glaube es mir: Die Antwort sitzt! Diese gab ich früher meinen Lehrern; der Unterricht war für mich schneller beendet, als ich … Ferner erhielten meine Eltern in bestimmten Abständen beim Lehrer und beim Direktor äußerst persönliche Privataudienzen!)

Leumund
Lieber einen guten Ruf als ein schlechtes Gehör!

LIEBER ... ALS ...
Lieber morgens im Anzug Kontakte knüpfen
als abends nackt auf der Straße zu hüpfen!

Lieber im Bette eine LAUTE **neue** Sabine
als im Keller eine leise alte Turbine!

Lieber ein „Full House" als eine volle Hose …

Lieber in der Schale alte Flips als den Arm in neuem Gips!

Lieber in der Hand einen dünnen „Gelben Schein"
als im Hals dicken gelben Schleim!

Literatur
Rezitator statt Terminator!

Logik
Lieber **VOR**-Denken … als NACH-Denken!

Spielst Du Lotto … ?

Lotto

Lieber morgens sinnvoll Lotto tippen
als abends sinnlos auszuflippen!

Bewußtlos: Bewußt das Los los.

K

Kampfbrigade

Limonade für die Kampfbrigade!

Kannibalen

Was gibt es heute bei den Kannibalen als Häppchen?
Ohrläppchen!

Hannibal statt Kannibal!

Kegeln

Lieber zu lange gekegelt als sich kurz geekelt.

Lieber kurz gekegelt als sich zu lange geflegelt!

Kinder - Abkürzungen

Fre-Ki:
Freche **Ki**nder.

Kinder - Allgemeines

Suche Mann bis 130 Kilo – mit oder ohne Bambino.

Komasaufen: Jedem Görchen sein Likörchen!

Aktueller denn je …

Kinderbücher - Kinderquatsch

In einem Extraband.

Klamotten

Lieber am Körper eine neue, warme Angorajacke
als unterm Schuh alte, kalte Hundek....!

Klebstoff

Kleister für den Meister.

Kleidung

Lieber einen neuen Mantel als eine alte Hantel!

Knast

In Guantanamo sind die Knasties bestimmt nicht froh!

König

Es sprach der König:
„So schone ich meine Krone!"

Kollege

Dein geschätzter Kolläge: Stets fit - nie träge!

Kommunikation

Menschen kommunizieren – Kühe Kuhmuhnizieren.

(ich weiß – „Kuhmuhnizieren" muß kleingeschrieben werden ...)

Kosmetik

Gib dem Luder Puder!

Kraftanstrengung

Morgens um fünf Uhr früh k.... er nur mit großer Müh!

Kran

Hängt Irene mit dem Kopf kurz nach unten an die Kräne,
hat sie ziemlich lange Migräne.

Kriminalität

Böse Buben in die Gruben nach Guben!

Kunden

Du brauchst Kunden, die Deine Kasse aufrunden!
Dein Spruch wird dann lauten: „Klasse Kasse!"

J

Jäger

Trinkt der Jäger zuviel Steinhäger,

wird er zusehends träger.

I

Intelligenz

Jedem Töffel seinen Löffel!

In einer Welt voller Verrückten
sind die Normalen die unbeglückten Verrückten!

Jedem Dussel seinen Fussel.

Das Jahr ist halb rum.
Die Person ist aber immer noch voll dumm!
Warum?

Irrenanstalt

Hörst Du sie in die Klapsen trapsen?

H

Haare

Lieber auf dem Schoß eine heiße Friseuse
als in den Händen eine kalte Friteuse!

G

GANGSTA

Mein Name ist Al Capone …
ich mache Observatione!

Lieber Toblerone mit Citrone
als Al Capone mit Kanone.

Doch lieber Al Capone mit Kanone
als in der Hose Skorpione!

Gasthof

Da war noch der Gasthof
„Zum Kotzen"!

Gebelle

Der Hund nervte mich mit seinem erneuten Gebelle!
Da gab ich ihm eine alte Wurstpelle.

Geburtstag

Lieber Geburtstag als Todestag.

Gedanken

Es gibt Gedanken_Gut.
Gibt es auch Gedanken_Schlecht?

Gedichte

Willst Du ständige …
oder unanständige Gedichte ...
oder **ständig** unanständige Gedichte haben?
(… in einem weiteren Band …)

Geduld

Nicht quaken – ziehe Wartemarken!

Gefängnis

Lieber T... heben
als Tüten kleben!

Im Knast hast Du viel verpaßt...
kommst aber zumindest zur Rast!

Gefängnis - Straflager / Sibirien

Hanuta statt Workuta!

Geisterjäger

Es sprach einst der Geisterjäger:
„Die Gespenster sind nun weg vom Fenster!"

Geld – Abkürzungen

Za-Ku:
Zahlende Kunden.

GEZ:
Gib Enno Zaster!

Mäu-ra-rü:
Mäuse rausrücken!

Geld - Allgemeines

Kein Geld?
Keine Monäähtäähn
für neue Tapäähtäähn?

Tanzt Du mit Deinen Finanzen …
oder ranzen die schon am Ranzen?

Menschen haben Mehrausgaben.
Fische haben Meerausgaben.
Schafe haben … Du weißt schon …

Bargeld lacht …
und **Buchgeld brüllt**!

Was ist der Unterschied zwischen
einem Bänker und einem Hänker?
Wie machst Du aus Rothschild Rotzschild?

Gemeinheiten

Das ist aber fieHiHiHiHiHiHiHiHihihiHiHiHi …ssss!

Gemüse

Eine Wurzel für Purzel.

Gentechnik

Er wurde mehrfach geklont.
Hat sich das für ihn gelohnt?

Geschwister – Bruder / Abkürzungen

Klu-Bru: **Klu**ger **Bru**der.

A-Bru: **A**rtiger **Bru**der.

Flei-Bru: **Flei**ßiger **Bru**der.

Gro-Bru: **Gro**ßer **Bru**der.

Geschwister – Schwestern / Abkürzungen

Schna-Schwe: **Schna**ck-**Schwe**ster.

Dü-Schwe: **Dü**nne **Schwe**ster.

Drö-Schwe: **Drö**melige **Schwe**ster.

Kra-Schwe: **Kra**ch-**Schwe**ster.

Gesocks

Gegen manches Pack hilft nur noch eine Flak!

Kriminelle zum Südpol schicken:
Gesocks on the Rocks.

Gesundheit

Ist der Kaiser heiser, schreit er leiser!

Spürst Du in Deinen Waden Maden,
hast Du einen Gesundheitsschaden!

Jeden Katarrh nach Katar!

Lassen sich Menschen mit Macken leicht einsacken?

Google

Morgens kräftig gurgähln;
abends mäßig googeln.

Griechische Götter

Erfand Ifestos Domestos?

Wohnt in Lampedusa die Medusa?

F

Falsch & Richtig - Abkürzungen

Fa-Bu:

Falscher **Bu**s.

Feiern

Für Deine Gäste
gibt es nur das Bäste der Räste.

Zusammen feiern; getrennt reiern!

Ferien

Wann machen Bakterien Ferien?

Folter

Bloß keine Folter mit Gepolter!

Quallen statt Qualen!

FraDeu (Französich-Deutsch)

Sei lieber ein Gourmet als fatigue!

Fragen - Gemischtes

Wird die Person, die Erdnüsse sät,
auch Erdnußflips ernten?

Frage an alle Ihmane:
Welcher IQ und welcher Schulabschluß sind erforderlich,
um eine Ihslamische Akademie besuchen zu können?
(Welcher Ihman kann mir eine Antwort geben?)

Mag ein Pudel Gedudel?

(Welchen kennst Du?)

Wieso heißt es „**Söhnlein Brillant**" …
und nicht „Töchterlein Brillant"?

Frauen

Schenkst Du Deinen Frauen keine Juwelen,
fangen sie gleich an zu krakeelen!

Wenn Deine Frauen Dich versauen,
schickst Du sie zurück nach Plauen!

Lieber Wein, Weib und Gesang
als Bier, Männer und Gestank!

Fremdsprachen lernen - Japanisch

Sa-kei-To:
Sag keinen Ton!

Fremdsprachen lernen - Russisch

Kolbassa für Deinen Massa!
(Kolbassa: Wurst / Massa: Schäff)

Friedhofsimpressionen

„Friedhofsimpressionen – Heute natürlich ausnahmsweise
in Reimform!"
Siehe „Meine weiteren Bücher".

Fußball - Abkürzungen

Fu-Ba-Fa: **Fu**ßball-**Fa**n.

Ra-Bru: **Ra**ndale-**Bru**der.

Fußball - Allgemeines
Erst ölen, dann grölen!

E

Ehre
Die Ähre gibt sich die Ehre.

Eile
Lieber eine Runde pennen als eine Stunde rennen!

Energie
Witze statt Blitze!

Lieber die Nase stecken in eine Fabel
als stecken ein Starkstromkabel in den Nabel!

Erfindungen
Statt Innovation:
Ennovation!

Erkenntnisse
Mein Name ist Bommel.
Ich ziehe Dir eins rüber mit meiner Kabeltrommel!

Erotische Kurzgeschichten
… hier noch nicht…
in einem weiteren Band …

Essen & Trinken - Abkürzungen

Ba-Bro: BananenBrot.

Bie-tri: Bier trinken.

IBB: Internationale-Bratwurst-Bude.

KG: Keks Gefällig?

Essen & Trinken - Allgemeines

Mäßig gefräßig.

Exekution

Sprich lieber mit mir als Deinem Denker
als mit Deinem Hänker!

D

Dein Leben

Mit jedem Tag, an dem Du aufwachst,
hast Du einen Tag weniger in Deinem Leben,
Dein **WAHRES** Leben zu leben,
um das zu tun, was Dir Spaß macht …

Denken

Nicht ums Verrenken wollen wir uns das Denken schenken,
… sondern es **äußerst** geschickt lenken!

Denken - Die drei Medaillen

Bronze: Nachdenken.

Silber: Mitdenken.

Gold: **Vor**-Denken.

Dienst - Abkürzungen

Die-na-Vo:
Dienst **na**ch **Vo**rschrift.

WvD:
Winker **v**om **D**ienst.

Ditär-Dolen-Sprüche

Dann laßt uns mal dem Ditär Dolen
seine zarten Klötchen versohlen!

(Wie Du D. Dolen verbal auskonnterst... Du weißt schon…)

Drogen

Hasta Manjana:
"Haste Marihuana?"

Ein anderes Wort für Drogenübergabe:
Stoffwechsel.

Flog er zu hoch,
Dein kleiner Freund,
rauchte er `nen zu starken Scheunt!

Drogen - Geld

Was sagt ein Drogenabhängiger,
wenn er Geld für seine Drogen braucht?

???-???

„Statt Moneten brauche ich
Mohn-Nähtäähn!"

C

Chirurgie

Was ruft der Chefchirurg während einer OP?
„Ampullen statt Stullen!"

B

Baustelle

Fällt der Bauleiter von der Leiter,
geht es auf dem Bau so schnell nicht mehr weiter!

Bazillen

Trägt eine Bazille eigentlich eine Brille?

Lieber im Urlaub unter den Füßen die Dardanellen
als zu Hause im Kühlschrank die Salmonellen!

Begrüßung – Abkürzung

De-grü-ni:
Der **grü**ßt **ni**cht!

Bu-Gru-Mi:
Bundes_**Gru**ß_**Mi**nister.

Bu-Gr-Mi:
Bundes_**Gr**unz_**Mi**nister.

Bu-Gri-Mi:
Bundes_**Gri**ns_**Mi**nister.
Bu-Grü-Au:
Bundes_**Grü**ß_**Au**gust.

(Welche kennst Du?)

Begrüßung - Allgemeines

Nun laßt uns zuerst die Damen in der eckigen Runde begrüßen!

Beifall

Lieber ausgebucht als ausgebuht!

Lieber Beifall als Fallbeil!

Berge - Kilimandscharo

Afrikaner: Auf den Kilimandscharo!

Mörder: Auf den Killer-Mandscharo!

Kitzelige: Auf den Kille-Kille-Mandscharo!

Blumen

Lieber eine rote Rose
als rote Parodontose!

Lieber im Garten schöne Krokusse
als im Hause dreckige Lokusse!

Bordell

Es gibt für schlechte Banken die sog. „Bäd Bänks".

Gibt es für ausgemusterte Prostituierte auch ein
„Bäd Bordäll"?

Brechen

Ko-Gö: K..z-Gör.

Buch

BuchSpruchBuch

Sprüche – mit und ohne Sinn!
Aber `ne Menge Reim ist immerhin drin!

A

Abfall - Papier

Mit einem verkniffenem Gesicht, vollem Bauch
und dicker Nase
– statt mit einem Lächeln und voller Wonne –
schob er an die Straße die volle Papiertonne!

Abkürzungen - Allgemeines

IBM: **I**ch **B**in **M**üde!

BdwH: **B**in **d**icht **w**ie **H**und!

MP: **Me-Pei**: **Me**ga-**Pei**nlich!

Bu-Ro-Fa: **Bu**ndes-**Ro**llstuhl-**Fa**hrer.

Mi-Laz: **Mi**t-**La**ch**z**entrale.

HvD: **H**ärrchen (Herrchen) **v**on **D**iddlmaus.

Abkürzungen - GESUNDHEIT

Au-A: **Au**gen**a**rzt.

Bi-hei: **Bi**n **hei**ser.

Fu-Pi-Do: **Fu**ß-**Pi**lz-**Do**ktor.

Abkürzungen - SPAß

Blö-Wi: **Blö**der **Wi**tz.

Adel

Ein Adeliger bohrt in der Nase. Was erhält er?
Ganz einfach: Einen Nobel-Popel!

Der Adel hängt an der Nadel.

Alkohol - ABKÜRZUNGEN

BBB: **B**ennos **B**ier **B**ringdienst.

Bu-Bie: **Bu**ddel **Bie**r.

DAK: **D**er **A**romatische **K**orn.
(**Tante Erwin**: Du hättest jetzt bestimmt sehr laut gelacht!)

SSV: **S**äufer-**S**chluß-**V**erkauf.

Alkohol - Allgemeines

"Du hast wohl `ne Flasche Gin drin?"
"Nein! Zwei Flaschen Spiritus intus!"

"Mach hier nicht so 'n Krach Mann …
trink `nen Flachmann!"

(Prooohßt!)

Alkoholiker

An alle Alkoholiker:

„Tut heute einen Sechser-Träger Bier weniger saufen …
und tut jetzt mein neuestes Buch kaufen!"
(Papierausgabe und Ih-Buck – anschließend Beides ver-
schänkän!)

(ich weiß: schlechte Grammatik)

Arzt – Abkürzungen / Orthopäde

Kno-Do: **Kno**chen**do**ktor.

Arzt - Allgemeines

Mit gesunden Kunden
kommt ein Arzt schlecht über die Runden!

Der Arzt sagt zu seinem Patienten:
"Mit dieser Spritze mache ich bei Ihnen keine Witze!"

Ausländer

Was liegt vor, wenn Joe Coccer spart?
Ein Coccerspaniel.

Wohnt Anna Tolien wirklich in Anatolien?

Wohnt Alma auf der Alm?

Auto – diverses

Lieber am Auto einen heißen Spoiler
als in der Wohnung einen kalten Boiler!

Autofahrer

Fahre wie ein Denker …
statt wie ein Henker!

Leidest Du unter Größenwahn,
dann fahr statt Porsche Straßenbahn!

Auto - Gedichte

Auto – Nachdenkliches – Variante 1:

Die Deutschen waren einst bekannt als das Volk der
Dichter und Denker.

Heutzutage sind sie größtenteils Autolenker!
Bei Glatteis machen sie oft einen Schlenker!
Wie viele Autofahrer fahren wie die Henker?

Variante 2: Du weißt schon … später …

Ende Band Eins (1).

GESCHAFFT!

Nun muß ich mich erst einmal etwas ausruhen ... für meine Nachwörter ... und was danach kommen wird ... geht gleich weiter ...

Damit sich der Kreis wieder schließt, muß es, wo es **Vor**wörter gibt, auch **Nach**wörter geben. Da Sie ein intelligenter Mensch sind, leuchtet Ihnen dies doch bestimmt ein ...

Um meine Nachwörter lesen zu können, müssen Sie jätzt ...

Ach, was schreibe ich denn hier ... Sie wissen viel besser als ich, was Sie nun zu tun haben ...

Meine Nachwörter

Wo und wann haben Sie vorher schon einmal ein solches **BuchSpruchBuch** … oder ein vergleichbares Buch gelesen? Welche meiner Sprüche aus meinem kleinen **BuchSpruchBuch** gefallen Ihnen am besten? Nennen Sie mir mindestens drei, höchstens aber drei Sprüche, die Ihnen BESONDERS gut gefallen haben und schreiben Sie mir!

Nur mal angenommen: Ihnen hat nur ein einziger Spruch gefallen … und Sie lachen darüber täglich nur zehn Sekunden zusätzlich … Sie wissen ja … wie bereits meinerseits in meinen Vorwörtern beschrieben … hat sich Ihre Investition in mein **BuchSpruchBuch** gesundheitlich amortisiert!

Für den Rest meines **BuchSpruchBuch**es kürze ich meine Wortschöpfung vorerst mit „**BSB**" ab.

…

Folgende Frage wird mir sehr oft gestellt: "Wo haben Sie eigentlich Ihre Sprüche her?" Meine Antwort: "Das sage ich Ihnen nicht. Denn dann würden **SIE** ja hier schreiben – und kassieren!"

…

Hier richte ich nun meine Fragen an Sie:

Aus welchen drei Gründen beginnen meine Sprüche und Wortspielereien mit dem Buchstaben „Z" … statt mit dem

Buchstaben „A"? Haben Sie sich totgelacht? Ja? Na, dann können Sie ja gar nicht meinen zweiten Band … sowie … meine weiteren Bücher lesen … Sie werden sich dann keine Eindrücke von „Friedhofsimpressionen" (s. u.) machen können … und auch nicht von meinen Kinderbüchern … meinen Kurzgeschichten … Sie können Ihren Kindern dann nichts mehr vorlesen … schade! Wenn nein, dann haben Sie dazu eine zweite Chance ... vielleicht werden Sie sich dann totlachen...

Inwieweit haben Sie eigentlich mitgedacht? **Vor**-Gedacht?

Einen Moment bitte: mein Telefon klingelt gerade … aha …ein wichtiger Anruf … gleich wird`s mit meinen Fragen an Sie weitergehen …

Wie mir soeben telefonisch mitgeteilt wurde, verstarb heute nacht gegen 2:83:53 Uhr ein Heimbewohner im Pflegeheim **„Zum Alten Eisen"**. Gestern nachmittag hielt ich dort eine **Lesung** ab. Der Herr kaufte sich nach meiner Lesung zwei Ausgaben von meinem **BSB** - für jedes seiner Augen ein Exemplar. So konnte er in Stereo lesen …
Er soll – seit mehreren Jahren fast bettlägerig – bis zu meiner Lesung seit mehreren Jahren nicht mehr gelacht haben. Lt. den Aussagen der Pflegekräfte – auch nach Schichtwechsel – lachte er bis zur o. a. Uhrzeit durchgehend schallend. Plötzlich verstummte sein Lachen. Dies machte das Pflegepersonal stutzig. Ein Pfleger begab sich sofort zu ihm hin. Sie informierten umgehend den Notarzt, der nur noch den Tod des Mannes feststellen konnte. Er hatte sich – im wahrsten Sinne des Wortes – totgelacht und er ist das erste mir bekannte Todesopfer meines **BSB**es …

Zwar konnte er nicht mehr **Vor**-Denken … aber …

War das nicht ein schöner Tod?

Nun weiß ich nicht, wie Sie das sehen. Wie denken Sie darüber?

Übrigens: Mein **BSB** enthält einen leeren Becher voller Rechtschreib-, Zeichensetzungs- sowie Ausdrucksfehler. Ferner baute ich einige Wiederholungen ein. Welche haben Sie entdeckt? Worin, glauben Sie, liegt der Sinn darin?
Ist Ihnen ferner aufgefallen, daß ich innhalb meiner Sprüche & Wortspielereien die Anrede „Du" verwendete? Was soll das wohl bedeuten? Ist Ihnen ferner aufgefallen, daß ich Anglizismen eingedeutscht habe? Wieso habe ich das wohl gemacht? Darüber hinaus placierte ich Abkürzungen mal nebeneinander und mal untereinander … Wieso … Sie wissen schon … Schließlich ordnete ich meine Wortspielereien und meine Sprüche unter der jeweiligen Überschrift nicht jedesmal alphabetisch an … Wieso … Sie … auch Formfehler habe ich mit eingebaut …

Ist Ihnen aufgefallen, daß ich teilweise unvollständige Sätze verwendet habe? Wörter fehlen … Wo wird diese Technik angewendet? Ja – richtig! In der Hüpnose … (Ich weiß, Hüpnose habe ich flasch geschrieben!) … Ihre Aufmerksamkeit wurde belebt!

Wenn Sie sich nur **EINEN** Spruch / **EIN** Wortspiel gemerkt haben … die drei Medaillen … Sie erinnern sich …

Welche davon gebührt eigentlich Ihnen?

Nachdenken – Bronze

Mitdenken – Silber

Vor-Denken – Gold

… so hat sich Ihre Investition in mein **BuchSpruchBuch** zusätzlich gelohnt … und Sie haben schon sehr viel erreicht!

Wo haben Sie meine extravagante Wortschöpfung „**BuchSpruchBuch**" schon einmal gelesen? Es ist meine ganz besonders extravagante Wortschöpfung! Sie finden, daß sie brillant und faszinierend ist …

Haben Sie schon mal daran gedacht, jeweils die Wörter „Witzbold+Einmalig" sowie „Humorloser+Witzbold" in Google einzugeben? Wie viele Ergebnisse werden Sie erhalten? Wer steht auf Platz 1? Wer belegt die ersten Seiten auf Google?

Jetzt stellen Sie mir bestimmt die Frage, wieviel Sie mein **Ih-Buck (E-Book)** denn nun kosten wird. Sehen Sie, **ich** bin sogar in der Lage, **Ihre** Gedanken zu lesen!

Wie mache ich das dänn bloß?

Bezüglich der Kosten kann ich Sie beruhigen. Sorgfältigst überlegte ich mir, daß sich auch Menschen mit einem kleinen Büdscheh (Bänkärr, Rächtsanwälte & Ärzte) mein **BuchSpruchBuch** und natürlich auch die Ih-Buck-Ausgabe leisten können und somit viel zu lachen, zum Mitdenken und zum **Vor**-Denken haben! Mein **Ih-Buck** kostet Sie daher nichts! Sie **INVESTIEREN** lediglich **2,99 Euro**! So sparen Sie gegenüber der Papierausgabe (5,90 Euro) 50 %! Sie können es auf Ihrem groben ßmartfohn überall mit hinnehmen und Sie werden es stets griffbereit haben. Der einzige Nachteil besteht darin, daß Sie von mir kein Geschenkpapier erhalten (Sie müssen dann mein Ih-Buck selber einpacken!)! Ihr Vorteil hierzu: Sie brauchen dann auch keine Verpackung zu entsorgen!

2,99 Euro … das entspricht doch gerade mal einem Becher Kaffee mit einem belegten Käsebrötchen beim Bäcker … ein kleines Frühstück … das werden Sie mir doch wohl noch gönnen … nach dieser anstrengenden Tätigkeit … schließlich muß ich ja wieder zu Kräften kommen … für mein **BuchSpruchBuch** Band Zwei (2) … für meine weiteren Bücher … Sie wissen schon …

Ihre Investition für die Papierausgabe in Höhe von 5,90 Euro (zuzgl. Versand) entspricht mal gerade dem Gegenwert von einärr Schachteln Zigarättäähn … oder einem 6-er-Träger Biehr (ich weiß, „Biehr" habe ich falsch geschrieben) … nach einigen Tagen werden Sie die Zigaretten aufgeraucht … und das Bier ausgetrunken haben … was wird bleiben … nur das Pfandgeld fürs Bier …

Hier können Sie sich mein **BSB** herunterladen und auch in Papierform bestellen: http://www.bod.de

… und da – also auf meinem BLOG – werden Sie demnächst ein kostenloses Ähpp erhalten: http://www.witzbold-enno-einmalig.de

Fast färgässähn: Sie haben gar nicht gelacht? Macht doch nichts! Plötzlich … beim Einatmen … und beim Ausatmen werden Sie anfangen, zu grinsen … Sie ziehen eine Grimmasse (sieht zwar blöde aus, macht aber in diesem Fall gar nixxx!) … Ihre Mundwinkel ziehen sich weiter nach oben … Ihr Gehirn erhält die **EINDEUTIGEN** Informationen: „Freude" und „Lachen!" Sie fangen an zu grinsen und zu kichern … wie eine Kichererbse … Ihr Kichern verwandelt sich in ein Lachen … Sie lachen lauter und lauter … es wird ganz bestimmt vorkommen, daß Sie vor Lachen wiehern werden ...

… wie ein Färrd …

Sie wollen wissen, an welchen weiteren Büchern ich schreibe? Sie können es kaum noch erwarten; stimmt`s?

Seien Sie gespannt!

Daher habe ich Ihnen im Folgenden eine kurze Übersicht meiner folgenden Bücher erstellt.

Dazu müssen Sie mir jetzt folgen …

Meine weiteren Bücher

DIE Fortsetzung wird

„BuchSpruchBuch - Band Zwei (2)"

sein. Den genauen Titel muß ich mir noch ganz genau überlegen ... den dazu passenden Untertitel genauestens ...
Sehr gerne halte ich mich u. a. auf Friedhöfen auf. Dort habe ich meine Ruhe und kann meinen Gedanken freien Lauf lassen ... sowie überaus kreativ tätig werden.
Wenn ich mich auf Friedhöfen befinde, sehe ich mir die Namen auf den Grabsteinen näher an. Nicht jeder Verstorbene wurde 70, 80 oder 90 Jahre alt. Viele Menschen verstarben in ihrer Blütezeit. Wie haben die Menschen gelebt? Welcher Tätigkeit gingen sie nach? Was haben sie gerne gemacht ... und was nicht? Wie starben sie? Das alles mit schwarzem Humor, Sarkasmus, Sargkasmus ... und natürlich ausnahmsweise in Reimform ...

Daraus entsteht z. Zt.:

„Friedhofsimpressionen – Heute natürlich ausnahmsweise in Reimform!" - Band Eins (1).

Erscheinungsdatum: Winter 2013/2014.
Sie wollen natürlich wissen, ob das alles ist, was ich kann
...
... weiter geht`s ...

Meine weiteren Projekte

Ihr Kopf ist lääär … doch Sie brauchen einen Täxsckzt
…

Sie brauchen einen TäckXzst …
(ich weiß … schon wieder falsch geschrieben …)
für einen Anlaß wie z. B. Jubiläum; Werbespruch,
Slogääähn … das dachte ich mir schon … Sie brauchen
einen **täXsT** … TÄckXst … TäcksT …
Tekxst … **Teckxt** …**Täähkzt** …

???

Welchen Text brauchen Sie?

Wie kann ich Ihnen da weiterhelfen?

Schließlich … brauchen Sie Monäähtäähn für neue
Tapäähtäähn … Sie brauchen mehr Geld … Sie sind z. B.
selbständig tätig … und Sie möchten ihren Gewinn stei-
gern! Besuchen Sie meinen BLOG: http://www.witzbold-
enno-einmalig.de/

Beachten Sie bitte dort auch meine jeweiligen Empfehlungen!

Begeben wir uns nun zum nächsten Kapitel!

Meine Empfehlungen

Für die Papierausgabe: Besuchen Sie meinen BLOG und klicken Sie unter „Empfehlungen" auf den jeweiligen Link!

Autolackiererei im Großraum 26xxx

Lackierfachbetrieb Henry Schönknecht GmbH
Color-Center

„Alles, wo Farbe drauf kann, wird auch lackiert!" Klicken Sie den Link **http://www.schoenknecht-color-center.de/**

Coaching und Mentaltraining

Was hindert Sie an Lebensglück, Freude und Zufriedenheit? Durch meine jahrelange Erfahrung aus Seminarbegleitung und Einzelcoaching biete ich Ihnen die Möglichkeit an, mit mir gemeinsam Antworten auf diese Frage zu finden und somit Ihrem Leben eine neue Richtung zu geben. Besuchen Sie meinen Blog: **http://www.emiliebillan.at/wb/**

...

Schon Marc Aurel wußte 161 n.Chr., daß das Glück Deines Lebens von der Beschaffenheit Deiner Gedanken abhängt. Wie Du Deine Gedanken und in weiterer Folge Dein Leben in von Dir gewünschte Bahnen lenkst, Ziele erreichst und Dich selbst entdeckst zeige ich Dir gerne! Klicke den Link: **http://www.treffpunkt-lebensfreude.at**

Krebs, Amalgam, Impfen - Darüber sollten Sie Bescheid wissen. Besuchen Sie meinen Webauftritt: **http://www.jetzt-und-heute.ch/meine-broschuere.html**

Grafikstudio Oldenburg

Der Inhaber dieses Grafikstudios, Herr Stefan Sartison, gestaltete mein Logo, mein Buchckawärr (Buchvorderseite), meine Buchrückseite und die Grafiken auf meiner Internetpräsenz: Sein Blog: **http://grafikdesign-oldenburg.de/**

Heilarbeit

durch ELISABETH GROTHOLTMANN. Begleitung, Beratung, Heilarbeit, Blockadenauflösung. Hierfür habe ich u. a. eine Ausbildung als Familientherapeutin und Geistheilerin absolviert. Ich habe selbst einen langjährigen Wandlungsprozeß hinter mir. Wenn die alten Wege nicht mehr funktionieren, helfe ich Ihnen, neue zu eröffnen. Klicken Sie auf den Link: **http://www.neugeburt.net/**

Hypnose – Fernlehrgang vom Hypnoseinstitut Phönix in Montevideo/Uruguay:

Hier erhielt ich meine hervorragende Ausbildung in Hypnose. Besuchen Sie den Internetauftritt: **http://www.hypnose-institut-phoenix.de/**

Verwirkliche Deinen Lebenstraum durch die Gesetze der Hypnose. Kostenlose Selbsthypnosetraining als PDF: **http://www.firsturl.net/Dx6q406**

Sie müssen jätzt wieder ...

Alpha Traum, Blog der unbegrenzten Möglichkeiten:
http://www.firsturl.de/58QgUBp

Hypnose in Wilhelmshaven

Bianca Meyer, Hypnose und Rückführung, Lichtarbeit und Wohlfühlen. „Die Menschen finden mich, weil sie etwas in ihrem Leben zum Positiven verändern möchten. Wie darf ich Ihnen helfen?" Klicken Sie auf diesen Link: **http://www.hypnoseberatung-wilhelmshaven.de**

Kartenlegen

Tiefgründige Einsichten, humorvolle Ansichten und spannende Aussichten. Steigen Sie ein in Ihre eigenen Tiefen über die Welt der Bilder! Wechseln Sie die Perspektive! Besuchen Sie meinen Blog: **http://www.legekunst.de**

Nagelstudio Oldenburg

Besuchen Sie unseren Internetauftritt:
http://germanys-nageldesign.com/partner

sowie den dazu passenden Shop:
http://www.baida-beauty.de/

Werbungsgestaltung – Schilder – Aufdrucke:

RiBo Reklametechnik – Werbung, die sticht!
E-Mail: **info@ribo-reklame.de**
Tel.: 0441 – 86061

So - meine Arbeit ist für heute erfüllt. Nun sind Sie dran!

Was müssen Sie jätzt unternehmen, um zu Ihrer Weiter-
empfehlung zu gelangen?

...

Ihre Weiterempfehlungen

Nun möchte ich zum Abschluß noch einige Fragen an Sie richten.

Haben Sie schon mal darüber nachgedacht, wie viele Kekse Sie in Ihrem bisherigen Leben verspeist haben?
…

Sie haben in Ihrem bisherigen Leben schon viele Bücher gelesen … Sie können sich an viele Bücher erinnern … aber noch mehr haben Sie bereits vergessen …

Wenn Sie jetzt in Zukunft gut oder schlecht gelaunt sein sollten: Sie werden sich **SOFORT** an mein BuchSpruchBuch erinnern … gleich nach dem Aufwachähn … nach dem Aufstehähn … beim Zähneputzähn … beim Klobesuch … beim Duschen … beim Frühstück … beim Gassi gehen mit Ihrem Hund … beim Autofahren … während der Arbeit … in der Arbeitspause … wenn Sie schlechtgelaunt sind … beim Mittagässän … beim Kaffeetrinken ... im Urlaub … beim Feierabend ... beim Abendessen … in der Freizeit … wenn Sie gutgelaunt sind … beim Lachen … beim Färnsehähn … beim chattähn … beim Feste feiern … beim ßäcks … wenn Sie sich mit jemanden streiten … wenn Sie weinen … wenn Sie einatmen … wenn Sie ausatmen … ja – sogar im Schlaf werden Sie von meinem BuchSpruchBuch träumen ... und wenn Sie wieder aufwachen …

Sie wissen schon …

Empfehlen Sie mein **BuchSpruchBuch** innerhalb und au-
ßerhalb des Internets weiter! Verschenken Sie mein
BuchSpruchBuch zu besonderen und auch nicht ganz so
besonderen Anlässen! Tragen Sie sich in meinen
Njuhßlättärr ein! So erhalten Sie stets meine neuesten Informationen! Siehe unten. Sie haben weder Internetzugang
… noch kennen Sie sich damit aus? Sie kennen bestimmt
jemanden, der einen Internetzugang hat und sich damit
auskennt!

Wir werden uns in meinem nächsten Buch wiederlesen!

Werden Sie aktiv: Darf ich Ihre Meinung zu meinem
BuchSpruchBuch veröffentlichen … mit Ihrem Namen, Vor-
namen und Wohnort? Ja? Schicken Sie mir Ihre Meinung!
So werden auch Sie bekannt werden!

Besuchen Sie auch meine FääähnPääähsch … und klicken
Sie auf „Gefällt mir - Daumen hoch"!

Moment bitte … Telefon … Sie wissen schon …

Die Witwe des im Pflegeheim „Zum Alten Eisen" verstorbe-
nen Mannes rief gerade bei mir an … und bedankte sich
bei mir für den überaus humorvollen Tod ihres Mannes. Ist
das nicht nett von dieser Frau?

Peh-Äß-2:

… geht auf der nächsten Seite weiter …

Sie wollen Jemanden beerben ...

Sie möchten Jemanden beerben ... möglichst bald ... und diese Person soll möglichst beizeiten das Zeitliche segnen ... sie soll sich totlachen ... ganz legal ... wie gefällt Ihnen diese Idee? Sie wissen schon, was Sie jetzt zu tun haben: Verschenken Sie mein **BuchSpruchBuch** an die jeweilige Person, die Sie schnell beerben wollen ... oder / und Sie schenken es Ihrem Kontrahenten ...

...und er lacht sich tot!

Peh-Äß-3:

Nach Diktat verreist!

http://www.Witzbold-Enno-Einmalig.de